Elisabetta Rossini e Elena Urso sono pedagogiste, autrici di libri per bambini e genitori e titolari di uno Studio di Consulenza Familiare a Milano.

CE

EDICART è un marchio GRUPPO EDICART
Via Jucker, 28 - Legnano (MI) - Italia
Testi di *Elisabetta Rossini* e *Elena Urso*
Illustrazioni di *Elisabetta Rossini*

www.consulenzafamiliare.com
Consulenza Rossini - Urso

www.edicart.it

’educazione è una forma d’amore.
E dura per sempre...

Elisabetta Rossini
Elena Urso

EDICART

Amare

Ogni bambino
ha il diritto a essere amato
per ciò che è,
non per ciò che vorremmo che fosse.

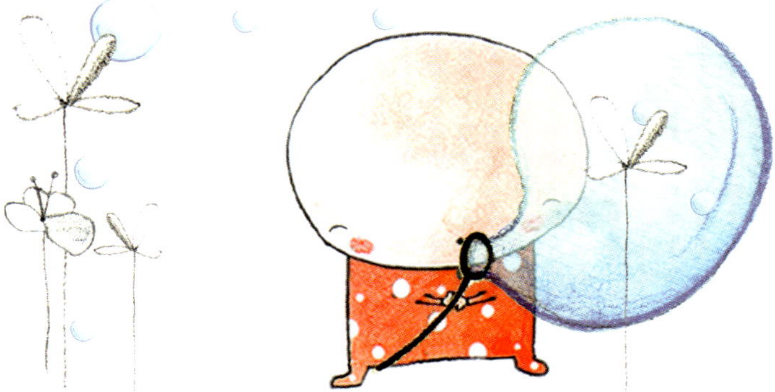

Ambivalenza

Quando un bambino piccolo,
dopo essere stato sgridato, urla a gran voce
"Voglio la mia mamma!" o "Voglio il mio papà!",
anche se la mamma e il papà sono proprio di fronte a lui,
sta esprimendo un desiderio reale:
rivuole davvero la sua mamma e il suo papà,
ma quelli buoni e amorevoli.
Più i bambini sono piccoli,
meno sono capaci di conciliare sentimenti ambivalenti.

Più i bambini sono piccoli,
più hanno bisogno di essere amati sempre,
anche quando i genitori sono arrabbiati con loro.

Aspettativa

Il più bravo sempre,
a scuola, nello sport, nelle lingue straniere,
fin da piccolo...
Perfetto, insomma!
Un bambino a cui è chiesto di essere così, però,
non può crescere,
perché ciò implicherebbe di procurare una delusione ai genitori.

Solo se non si fa, si può essere perfetti.

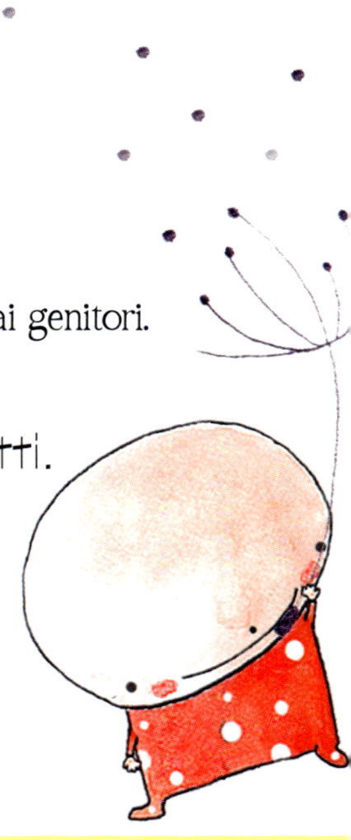

Bacio magico

I bambini credono
che un piccolo bacio su un graffio
possa farlo guarire.
E ci credono perché si fidano
di chi si prende cura di loro.

Non è ingenuità,
è fiducia incondizionata.

Bambini felici

I bambini felici
sono quelli che possono permettersi
di sentirsi anche tristi e arrabbiati
senza doverlo nascondere ai grandi.

Bianco e nero

Per stimolare i neonati e la loro vista,
è opportuno lasciare alla loro portata alcuni oggetti.
Questi, però, non dovrebbero solo essere
di colori tenui e tinte pastello.
Dovrebbero essere a forte contrasto cromatico
e l'ottimo è il contrasto bianco-nero.
Magari ci piacciono meno,
perché più distanti da un'idea di tenerezza,
ma piacciono molto di più ai piccoli.
E questa è la cosa davvero importante!

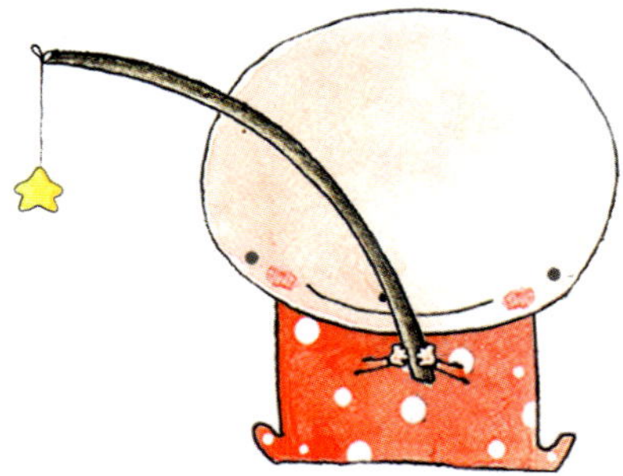

Bugie

I bambini raccontano tante storie, piccole e grandi,
che noi adulti spesso cataloghiamo come bugie.
Prima dell'età scolare, però, non c'è l'intenzionalità di mentire
e le storie dei bambini possono nascere dal desiderio di autonomia
dall'incerto confine tra realtà e immaginazione,
dalla paura di una punizione...
Ascoltiamo queste storie attentamente;
se necessario, spieghiamo ai piccoli che cosa è giusto e cosa no,
ma non chiamiamoli bugiardi.
Alcune di queste storie nascondono desideri,
altre paure, altre ancora punti di vista diversi.

Tutte ci permettono di conoscere di più
il bambino di fronte a noi.

Cibo

Assaggiare del cibo nuovo
richiede molto coraggio per i bambini!
Ecco perché sono tanto abitudinari anche nel mangiare.
Mettere in bocca qualcosa
di consistenza e gusto sconosciuti
può fare un po' paura:
è pur sempre una cosa estranea che entra nel loro corpo.
Perseveriamo nel proporre cibi nuovi,
ma non arrabbiamoci se i bambini fanno resistenza.
Pian piano anche le cose nuove
diventano familiari...

Coerenza

Immaginiamo un bambino che, prima di fare qualcosa, si ferma a pensare
"Questa cosa fa arrabbiare la mamma, ma non sempre, a volte sì e a volte
il papà, invece, non vuole che la faccia mai;
i nonni me la lasciano fare, ma non devo dirlo..."
Abbiamo l'immagine di un bambino molto confuso!

Per le cose importanti, il pensiero di un bambino dovrebbe essere semplicemente:
questa cosa si può fare; questa non si può fare.

Non è detto, certo, che poi non la faccia comunque.
Ma in questo caso è una scelta propria del bambino
e non deriva da una volitiva confusione...

Comportamenti sbagliati

Quando un bambino si comporta male,
è giusto intervenire perché non si comporti più così.
Un modo costruttivo di affrontare la situazione
è coinvolgere il bambino,
chiedergli cosa ritiene sbagliato di quel comportamento
e invitarlo a ragionare
su cosa potrebbe fare di diverso per stare meglio con sé e con gli altri.
È in questo modo che impara a capire bene
che cosa è sbagliato.

A volte il bambino ha già la soluzione
e il nostro compito è aiutarlo a trovarla.

Comprensione

"È scoppiato a piangere senza motivo...
si è arrabbiato per niente...
ha avuto una reazione aggressiva
senza ragione..."

Spesso queste frasi sono spiegazioni
ai comportamenti dei bambini.
Ma non possono essere considerate esaurienti,
perché non contemplano un aspetto fondamentale:

"È scoppiato a piangere... si è arrabbiato...
ha avuto una reazione aggressiva...
senza che IO riesca a capirne il motivo"

Comprensione e responsabilità

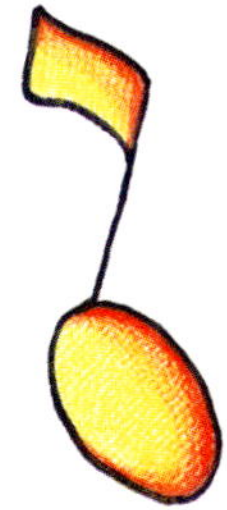

Capire perché un bambino
si comporta in un certo modo
è solo un primo passo da fare per educare,
perché dopo la comprensione inizia la responsabilità:
fornire una risposta adeguata al comportamento.
Comprendere il motivo di una reazione maleducata di un bambino
non esaurisce il nostro compito.
Il nostro compito inizia proprio lì,
perché da lì iniziamo a educare.

Capire è importante,
ma agire in modo adeguato, pertinente e costruttivo
è doveroso.

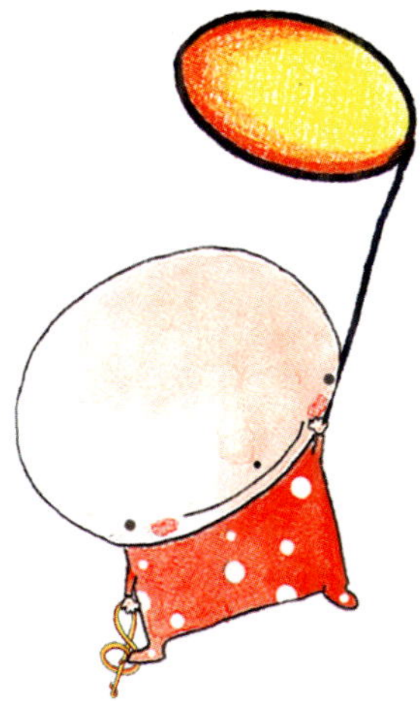

Perché gli adulti siamo noi.

Conflitto

A volte pensiamo che,
se i bambini si arrabbiano con noi,
stiamo sbagliando qualcosa, perché li scontentiamo.
Il ruolo della famiglia, però,
non è di accontentare,
ma di educare.

E l'educazione passa anche attraverso il conflitto.

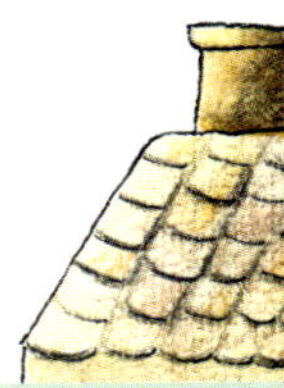

Cosa ti piace?

Siamo spesso così preoccupati di organizzare per i bambini
esperienze stimolanti, intelligenti, arricchenti,
variegate, non scontate, esclusive...
da dimenticarci di fare ogni tanto a loro
la domanda più semplice:

"Cosa ti piacerebbe fare?"

Credere in sé

Un bambino smette di credere in se stesso,
quando gli adulti
smettono di credere in lui.

Crescita e difficoltà

Finché un bambino
non sperimenta una determinata situazione,
non sa quali risorse ha per fronteggiarla
e non può provare a trovare
la soluzione più efficace.
E se interveniamo sempre noi al suo posto,
certo noi saremo sempre più capaci,
ma lui sempre più insicuro.

Anche sperimentare le difficoltà significa crescere.
E crescere bene...

Dare ragione

Essere dalla parte dei bambini
non significa
dar sempre loro ragione.

Decisioni

I bambini vogliono decidere.

Vogliono decidere cosa fare, cosa mangiare, quando andare a dormire;
vogliono decidere come vestirsi, quando uscire, quando tornare a casa;
vogliono decidere di poter avere un fratellino
e anche un cane, un gatto e giochi nuovi ogni giorno.

I bambini desiderano decidere tutte queste cose,
perché vedono i genitori che decidono per loro.
Ma è giusto che per un po' desiderino decidere,
senza farlo davvero su tutto, soprattutto sulle
questioni importanti.

Il modo migliore di imparare a decidere per i bambini
è osservare i grandi che prendono le decisioni importanti per loro
e che, piano piano, insegneranno a prendere le decisioni importanti per sé.

Desiderare

Desiderare deriva da *de-sidera* (stelle)
nel senso di “avvertire la mancanza delle stelle”.

E quando se ne avverte la mancanza,
le si attende con trepidazione e le si ammira con intensità,
perché non si danno per scontato.

Abituare i bambini a un po’ di frustrazione
è più bello in questa prospettiva,
perché se ne avverte il valore profondo
e non solo la più superficiale fatica.

Difendersi

Quando un bambino
ci racconta un brutto comportamento
che un amico ha avuto nei suoi confronti,
chiediamogli:
"A te è piaciuto? Come ti ha fatto sentire?".
Ci può sembrare una domanda ovvia,
dalla risposta scontata,
ma aiuta il bambino a dire no ad alta voce
e a sentirsi compreso e legittimato in questo no.

E lo aiuta a scoprire di essere capace di dire NO in modo chiaro e deciso di fronte a comportamenti che meritano di essere rifiutati.

Dire no

La maggior parte dei bambini sembra bravissima a fare una cosa
che fa arrabbiare la maggior parte degli adulti:
dire no.
Nei momenti di sconforto, proviamo a pensare che
imparare a dire no
è l'unico modo per saper dire veramente sì,
perché significa che abbiamo una scelta
e la possibilità di scoprire cosa amiamo e cosa no.

Davanti ai ripetuti no dei piccoli occorre avere pazienza, tanto autocontrollo
e pensare che stanno imparando a dire sì,
soprattutto a se stessi,
perché stanno imparando a conoscersi.

Diritti e doveri

Prima che i bambini

possano imparare a pensarsi

come persone che rispettano le regole in autonomia,

hanno bisogno di tempo in cui pensano a se stessi

come persone a cui i genitori fanno rispettare le regole.

Un dovere per i genitori e un diritto per i bambini,

perché è un diritto per ogni bambino

avere qualcuno che pensa a lui.

Diventare grandi

È bene che i bambini facciano alcune cose,
anche se a noi adulti non piacciono
o fatichiamo a comprenderle.

Arrabbiarsi, dire no, piangere,
insistere, sentirsi tristi,
sbagliare, provare, avere paura,
non ascoltarci, volere quello che vedono,
non riuscire ad aspettare...
Ne hanno bisogno per crescere.
E hanno bisogno che chi è già cresciuto
non li consideri meno bravi per questo,
ma li aiuti a diventare grandi.

Domandare

"Cosa ti è piaciuto di più oggi?"
è una bella domanda da fare ai bambini ogni sera.
"Cosa ti è piaciuto meno?"
è una domanda altrettanto bella,
perché insegna ai bambini
che si può parlare con serenità di tutto,
permette loro di entrare in contatto con ciò che provano
e insegnano che le cose brutte
sembrano meno brutte, se condivise.

E consente a noi di conoscere
il bambino che abbiamo di fronte,
perché le risposte che ci dà
spesso sono molto diverse da quelle che immaginiamo.

Educazione

L'educazione avvicina i bambini alla libertà.

Imparare a scegliere,
sapere cosa fare e cosa non fare,
poter esprimere
le proprie emozioni e il proprio pensiero
sono tutte forme di libertà.
Tutte acquisite attraverso l'educazione
di chi si prende cura con amore dei bambini.

Egocentrismo

"Cosa c'è di più importante di quello che ho da dire io?"

Questo potrebbe essere il pensiero di ogni bambino
quando vuole la nostra attenzione per dirci qualcosa,
qualsiasi cosa.
Abituiamolo con pazienza, molta!, a distinguere tra
essere importante e avere sempre le attenzioni:
diciamogli che finiamo quello che stiamo facendo, e che poi lo ascolteremo.
E facciamolo davvero!
Capirà con l'esempio che è capace di aspettare qualche minuto e che,
a quel punto,
avrà tutta la nostra attenzione,
perché per noi è sempre importante quello che ci deve dire.

Anche se gli chiediamo di aspettare un attimo.

Emozione

Un'emozione non è mai inadeguata.

È bene dire a un bambino
che comprendiamo e accettiamo come si sente.
Come è bene mostrargli
come manifestare quell'emozione,
perché non si può accettare ogni comportamento.

Emozioni e basta

Appena nati,

non esistono le emozioni positive o negative,

esistono solo le emozioni.

Giuste, adeguate, naturali, perché un'emozione non può essere sbagliata.

Crescendo,

dovremmo poter imparare a vivere ogni emozione

e a manifestarla in modo adeguato, senza trattenere o vergognarci

di quelle negative.

Accogliere la rabbia di un bambino senza giustificare ogni suo comportamento,

sostare con lui nella sua tristezza senza volerlo felice il prima possibile...

così facendo possono continuare a vivere

tutte le emozioni. Anche da adulti...

Emozioni e comportamenti

“Non mi piace quando ti arrabbi”
è una frase incompleta,
che trasmette un messaggio fuorviante ai bambini:
“Se mi arrabbio, io non vado bene.”

Aggiungiamo allora:
“Non mi piace quando ti arrabbi così”.
In questo modo è il comportamento
a non andare bene,
non il bambino o l’emozione.

Errori e rimedi

Pensiamoci un attimo: a volte ci arrabbiamo e sbottiamo per qualcosa,
perché in realtà qualcos'altro ci ha infastidito, e molto, durante la giornata.
E a volte abbiamo queste reazioni
di fronte a richieste spesso pressanti dei bambini.
Capita a tutti!
Possiamo trasformare questo momento
in un momento costruttivo e di grande insegnamento per i piccoli:
spieghiamo con calma che ci siamo arrabbiati così tanto,
perché eravamo molto nervosi per altro.

Mostrare in prima persona come rimediare agli errori
è molto più importante ed educativo
di mostrarsi immuni dagli sbagli.

Facciamo pace

"Facciamo pace, dai!"

è una frase bellissima che tutti noi abbiamo detto da bambini.

Da sola ci insegna molte cose:

i bambini sono capaci di iniziare, ma soprattutto di finire un litigio.

Sono capaci di uscire dal disagio che una lite provoca loro.

E, cosa più sorprendente di tutte,

sono capaci con una sola frase di azzerare tutto,

senza cercare colpevoli né vittime,

e di ricominciare da capo a stare insieme in pace.

Quando ci raccontano che hanno litigato,
non limitiamoci a chiedere il motivo ai bambini,
chiediamo soprattutto
come sono riusciti a fare pace.

Faccio io

Faccio io!
Quante volte i bambini pronunciano questa frase!
Ogni volta che è possibile,
lasciamo che facciano loro.
Ciò significa
ottenere la nostra fiducia nei fatti e non solo a parole,
scoprire che sono capaci di fare davvero molte cose
e che possono imparare
quello che ancora non sanno fare.

In una piccola frase
è racchiusa la base
di una grande autostima.

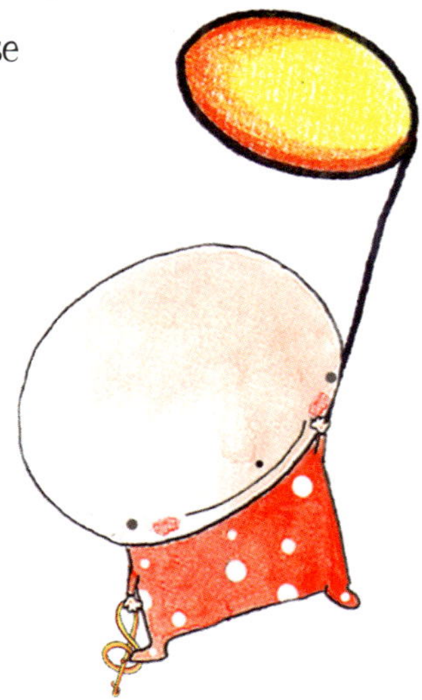

Fate

Per i bambini
è più facile credere alle fate,
piuttosto che accettare
che qualcuno non ci creda.

Felicità

Ogni giorno
i bambini vivono attimi di felicità.
Basta un vasetto con una bella etichetta colorata
da aprire ogni sera
per ricordarlo e custodire questi attimi al suo interno.

E da grandi sapranno fare lo stesso,
perché avranno imparato che,
se ci si concede un momento per pensarci,
almeno una volta al giorno
accade qualcosa
per cui possiamo sentirci felici.

E il vasetto della felicità sarà sempre dentro di sé.

Fermezza

I bambini hanno bisogno di fermezza.

E ne hanno bisogno ancora di più
quando sono arrabbiati con noi,
perché è lì che trovano
la coerenza, il contenimento
e l'amore dei genitori.

Forza e violenza

Essere forti

significa avere il coraggio
di affrontare le proprie paure.

Essere violenti

significa fare paura agli altri,
perché si è troppo deboli per affrontare le proprie.

Insegniamo ai bambini questa differenza.

Frustrazione

A volte si cerca il modo migliore per dire no a un bambino,
per non farlo rimanere male, per farglielo accettare volentieri
e facilitare così a noi adulti la situazione.

Il modo migliore è dire no, quando necessario,
in modo chiaro, deciso
e con una spiegazione adeguata all'età.

Il modo giusto di reagire per un bambino
è arrabbiarsi, piangere o inveire contro chi ha pronunciato quel no.

Non dobbiamo evitarlo, sono sensazioni che bisogna provare per crescere,
perché così si scopre che,
poco dopo, passano e si sopravvive a quei no detti e mantenuti.

Giocare in libertà

Colorare con i pastelli, i pennarelli, gli acquerelli,
correre, disegnare, leggere, cantare, costruire...
Giocare.
Senza dimostrare di essere il più bravo,
ma divertendosi e scoprendo così
cosa piace e cosa no,
per cosa si è portati di più o di meno,
cosa fa stare bene e cosa annoia.

Che bello,
per un bambino,
poter fare tutte queste cose
senza dover eccellere...

Giocare insieme

Portarsi via gli oggetti
è uno dei primi maldestri tentativi
da parte dei bambini di giocare insieme,
anche se a uno sguardo adulto può sembrare tutt'altro!

Ma i piccoli riproducono quello che conoscono e per suscitare interesse fanno quello che interessa loro.
Quando restituiscono volentieri l'oggetto al proprietario,
è lì che si vede il desiderio di una prima forma di socializzazione.
Prima di intervenire, osserviamo sempre con attenzione:

a volte ciò che interpretiamo come prepotenza
è un dialogo tra bambini
fatto con un linguaggio che ormai noi abbiamo dimenticato.

Ho

È sufficiente che a un bambino piccolo piaccia o interessi qualcosa
per sentire la frase
"È mio!"
Facciamo chiarezza: non significa che sia egoista o prepotente,
ma che sta attraversando una fase necessaria per crescere
per due motivi diversi e successivi.
Prima
perché non sa ancora distinguere tra sé e gli altri;
poi
perché ha bisogno di affermare il suo possesso per affermare se stesso.

Il nostro compito è semplice:
ripetere, ripetere e ripetere ancora cosa lo è veramente e cosa no.
Senza colpe o giudizi.

Immagini di sé

Immagine privata e sociale di un bambino possono non coincidere,
perché i bambini, come tutti, si comportano giustamente
in modo differente nei vari contesti
dove sono presenti dinamiche e stimoli molto diversi.
Ecco perché il bambino tanto vivace a casa
può essere molto timido a scuola.
Non è sempre facile,
ma proviamo a mettere da parte ciò che sappiamo del nostro bambino
e ascoltiamo ciò che di nuovo ci raccontano di lui.

È anche questo un modo per rispettarlo
e dargli la nostra fiducia.

Imperfezione

Crescere bene

non significa crescere perfetti.

Incoraggiare

Dire a un bambino che ha sbagliato e non fare nulla di più è criticare.

Mostrargli come fare meglio in base alle sue capacità è incoraggiare.

Insegnare a essere

Cosa insegnare a un bambino?

A fare da solo e a chiedere aiuto quando non riesce.

A provare sempre, a sbagliare, a riprovare.

A rispettare se stesso. A rispettare gli altri.

A non sentirsi superiore,

ma a sentirsi unico e speciale.

A pensare, a confrontarsi.

Ad ascoltare. A essere ascoltato.

A chiedere scusa.

Ad accettare i no. A dire no.

A impegnarsi a migliorare quello che secondo lui non va.

Non insegniamo solo a fare.
Insegniamo anche a essere.

Laboriosità

Possiamo osservare un bambino mentre gioca
in due modi diversi:
possiamo vedere
un passatempo tra un'attività e l'altra,
oppure possiamo vedere
impegno, apprendimento, concentrazione, fantasia,
autonomia, paure, desideri, conoscenza...
e allora non vedremo più solo giochi,
ma un bambino che cresce.

Litigi

Anche se stiamo molto attenti a non litigare o discutere di fronte ai bambini,
è naturale che accada.
Proviamo allora a fare un piccolo sforzo:
cerchiamo di non essere così concentrati sul litigio avvenuto
e così assorbiti dai sensi di colpa
da dimenticarci di riappacificarci di fronte a loro.
In queste situazioni, più del litigio in sé,
è la mancata risoluzione a turbare i bambini.
Rassicuriamoli sul fatto che,
sì, ci siamo arrabbiati,
ma che c'è anche stata o ci sarà una riconciliazione.

I piccoli vedono troppi litigi e poche riappacificazioni.

Lupi cattivi

Chiamare in causa
lupi cattivi o poliziotti sempre in agguato
per convincere i bambini a fare o non fare qualcosa
può dare risultati nell'immediato.
Ma assumersi la responsabilità,
come adulti,
di essere coloro che insegnano ai bambini
cosa si può fare o no
dà risultati per il futuro,
perché questo significa educare.

E lasciamo che i lupi vivano nelle fiabe
e che i poliziotti siano figure di cui fidarsi!

No

Una bellissima piccola parola
che consente due cose grandiose:
agli adulti di dare confini sicuri ai bambini;
ai bambini di affermare se stessi.

No e No

Quando i bambini iniziano a dire i primi no,
una parte di noi dovrebbe essere felice:
è la prima forma di affermazione di sé,
è il primo tentativo
per scoprire cosa piace e cosa no,
è il primo modo
per sentirsi un individuo unico
e separato dai genitori.
L'altra parte, invece,
può sentirsi naturalmente sopraffatta
e travolta dai continui rifiuti...

Entrambe le reazioni sono sane e naturali!

No e verità

Quando dobbiamo dire no a un bambino,
motiviamolo sempre con la verità.
Evitiamo di inventare
spiegazioni fantasiose,
spaventose o rocambolesche,
perché speriamo che così
il piccolo lo accetti più volentieri.

Il no NON è un torto da addolcire,
ma un sostegno necessario
a cui appoggiarsi per crescere.

Noia

Tra i numerosi impegni dei bambini
inseriamo del tempo per un po' di noia.
Concediamo loro un momento
per conoscere se stessi.

Quando i bambini sbadigliano per noia,
non accorriamo subito
per proporre alternative,
ma lasciamoci contagiare da uno sbadiglio
ormai così raro,
eppur così prezioso.

Non fare

Ci sono occasioni in cui, con i bambini,
la giusta cosa da fare è
non fare.
O almeno non fare subito
Per far scoprire loro che,
anche con qualche difficoltà,
anche attraversando un po' di rabbia,
di tristezza o di frustrazione,
possono imparare a fare da soli,
sempre meglio.

Opinione

Siamo abituati
a spiegare ai bambini tante cose,
e lo facciamo ogni giorno perché, giustamente,
vogliamo che imparino, che capiscano, che conoscano.
Ma ci dimentichiamo di chiedere loro
"E tu cosa ne pensi? A cosa serve secondo te?
Tu cosa avresti fatto? Come ti sentiresti?..."
Ce ne dimentichiamo perché pensiamo
che per insegnare bisogna dire,
senza ricordarci che si insegna,
e bene, anche domandando.

Pasticciare

Fin da piccoli i bambini si impegnano in produzioni artistiche importanti
non per il risultato,
ma per il processo creativo che attraversano.
Sagomare, ritagliare, pitturare, incollare
non solo migliorano la manualità fine,
ma consentono al bambino di fare esperienza
di almeno due grandi categorie cognitive:
il perché e il come.
Come ottenere un determinato risultato
e perché vogliono ottenerlo.

Un bambino che pasticcia tutto il giorno,
è un bambino che per tutto il giorno
sperimenta, impara e cresce...

Paura e speranza

Davanti a paure dei bambini,
il migliore incoraggiamento
è la comprensione.
"Guarda me, vedi io non ho paura"
è una frase che trasmette un senso di inadeguatezza.
Dire, invece,
"Sai, anche io da piccolo avevo paura,
ma poi ho scoperto una formula magica..."
fa sentire il bambino compreso e accettato.
E pieno di speranza,
perché i genitori
non sono nati senza paure:
le hanno superate!...

Pensiero bambino

Il punto di vista dei bambini
è il punto di vista dei bambini.
E poiché siamo noi che abbiamo la capacità
di metterci nei loro panni e non viceversa,
siamo noi ad avere il dovere
di raccontare il mondo in modo per loro comprensibile.
Il pensiero dei bambini è magico, è animista ed è egocentrico.
Ed è giusto così:
il loro ingresso nella realtà
organizzata secondo codici adulti
è graduale e adeguato al loro sviluppo cognitivo,
psichico ed emotivo.
Fantasticare con i bambini
è un regalo per loro,
ma lo è anche per noi...

Per favore

"Dammi la merenda!"

Spesso i bambini ordinano per chiedere qualcosa agli adulti.

I piccoli devono affermare la propria personalità

e noi adulti dobbiamo insegnare loro

il modo corretto e cortese per fare richieste.

Se stabiliamo la regola che si chiede per favore,

i bambini saranno propensi a esprimersi in quel modo (...non subito!).

Ma lo impareranno soprattutto
se vedranno i genitori usare la cortesia
tra loro e con gli altri.

Performance

Bambini sempre bravi e bambini bravi in tutto
conoscono le lodi, l'ammirazione, la performance,
ma non se stessi.
Non ne hanno il tempo,
perché troppo impegnati
a fare quello che gli altri si aspettano da loro.

Pianti e paure

I grandi non piangono.
I grandi non hanno paura.

Perché mentire ai bambini?
I grandi piangono per motivi diversi
e hanno paure differenti dai piccoli.
E i bambini non dovrebbero crescere
con l'obiettivo di annullare pianti e paure,
ma con la consapevolezza
che ogni paura e ogni pianto
possono essere superati.

Piccoli, non invisibili

Se un adulto ci fa una domanda
sul nostro bimbo e lui è presente,
chiediamogli con gentilezza
di rivolgere la domanda direttamente a lui.

È anche questo un modo per rispettare i bambini.
E loro risponderanno in base alle loro capacità
e a quello che vogliono o non vogliono dire ad altri,
perché il fatto di essere bambini
non li obbliga a dire tutto a tutti.

Essere piccoli
non significa essere invisibili.

Pioggia

Cosa fare con i bambini in un giorno di pioggia?

Uscire e camminare con loro.

Fare esperienza della pioggia è un'opportunità,

non un vincolo.

Il cattivo tempo per un adulto

è un gioco meraviglioso e genuino per un bambino.

Prefigurazione

Facciamo attenzione
quando comunichiamo ai bambini
qualcosa che accadrà nel futuro.

Se è una cosa bella,
che desiderano e riescono a prefigurarsi,
riempiranno l'attesa di
"Manca tanto? Quanto manca? È ora?..."
Se è una cosa sconosciuta,
che cambia le loro abitudini e che non sanno anticipare con il pensiero,
riempiranno l'attesa di ansia e paure.
Rispettiamo il tempo dei bambini,
che è un tempo piccolo
e che ha bisogno del nostro scandire,
poiché per loro vicino e lontano si confondono.

Primeggiare

Spingere i bambini a primeggiare sempre
è uno dei modi migliori
per farli sentire sempre ultimi e inadeguati.
Incoraggiarli a fare del proprio meglio,
invece,
insegna a considerare l'impegno una ricchezza
e non un estenuante e continuo momento
in cui si è messi alla prova.

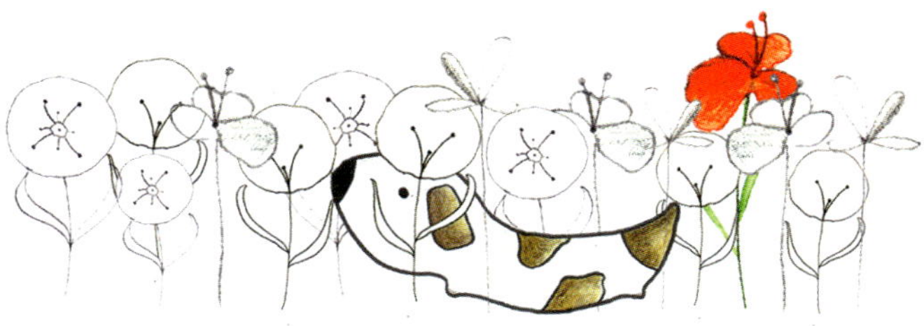

Problemi e rassicurazioni

Quando in casa ci sono difficoltà, problemi o tensioni, anche minime, parliamone ai bambini.

Facciamolo in modo breve e con un linguaggio adeguato all'età.

Negare o fingere è inutile:

i bambini percepiscono le più piccole variazioni dei nostri stati d'animo.

E se non trovano una spiegazione in noi,

spesso costruiscono fantasie catastrofiche

sui motivi dei nostri mutamenti di umore.

I bambini trovano senso in quello che succede

nelle parole sincere dei genitori:

poche parole che

hanno il potere di liberare la mente

e rasserenare i cuori...

Protezione

Proteggere i bambini da tante cose
è nostro compito,
a livello fisico come emotivo.
Una sbucciatura si può curare con un bacio,
una sofferenza con comprensione e ascolto.
Protezione non significa evitare queste cose,
ma prenderle sul serio per un po'
e stare accanto ai bambini quando accadono,
per insegnare loro ad affrontarle poi da soli.
I bambini hanno bisogno della nostra protezione,
perché non sanno ancora proteggersi da soli.
E non dovrebbero mai
arrivare a chiederla.

Pudore

Quando i bambini iniziano a manifestare disagio
nel mostrarsi nudi,
rispettare il loro senso del pudore
è uno dei primi passi
per rispettare il loro corpo e permettere loro
di non percepirlo come un oggetto
e di sentirlo come proprio e di nessun altro.

Un bambino non è mai troppo piccolo
per ricevere rispetto totale e incondizionato.
Non è mai troppo presto per noi
per iniziare a trasmetterlo.

Pupazzi

I pupazzi possono essere ottimi alleati di mamma e papà.
Possono essere visitati dal dottore
prima dei bambini,
possono assaggiare un cibo nuovo,
sorvegliare la cameretta e proteggere i sogni.

I pupazzi sono amici fidati dei bambini
e, per questo,
ottimi alleati dei genitori!

Rabbia e amore

Quando un bambino arrabbiato esplode in un
"Non ti voglio più bene!!!"
rispondiamogli che ci dispiace che sia così arrabbiato,
che può prendersi un momento per tranquillizzarsi
per poi tornare da noi a spiegarci con calma le sue motivazioni
e che noi gli vogliamo comunque bene.
Gli dimostriamo così,
nel momento in cui ne ha più bisogno,
che siamo più forti della sua rabbia,
che ci sono diversi modi
per esprimere il proprio disaccordo
e che il nostro amore non dipende
dai suoi stati d'animo.

Raccontare

I bambini spesso non raccontano le loro giornate.
Ma i piccoli devono imparare
cosa vuol dire raccontare una giornata intera!
Cominciamo a mostrare noi come si fa,
partendo da piccoli eventi
semplici ed emotivamente coinvolgenti:
"Sai cosa mi ha fatto sorridere oggi?
Sai cosa ho scoperto di nuovo oggi?..."
Piccole frasi che incuriosiscono i bambini
e che mostrano loro come si fa a raccontare.

Reazioni e limiti

Quando i bambini si incaponiscono
e hanno reazioni spropositate di fronte ai divieti,
non dimostrano di avere
un forte carattere.
Manifestano piuttosto un disagio:
non sono ancora capaci di sopportare un divieto
e, per questo,
hanno bisogno che i genitori
siano il loro limite.

Regole

Le regole senza esempio
sono come belle cornici senza quadro:
un bel contenitore
privo di contenuto concreto.
Solo se siamo buoni esempi
un bambino può capire davvero qual è la regola
e potrà così essere in grado di seguirla.
Perché fa come facciamo noi.

Rifugio

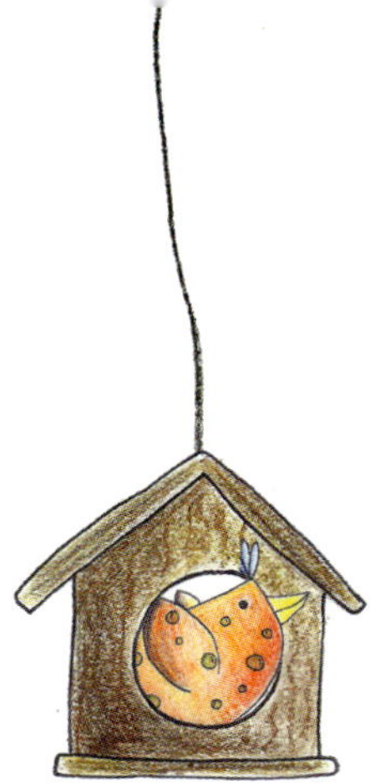

Quando siamo tristi,
possiamo avere bisogno di un attimo di raccoglimento,
un momento tutto per noi, lontano dagli sguardi altrui.
Anche ai bambini può capitare.
Proviamo a pensarci: si mettono negli angoli,
nascondono la faccia nei cuscini, si infilano sotto il letto.
Invece di stanarli in fretta a tutti i costi,
concediamo loro questo momento,
lasciamoli nelle loro tana per un po' e,
se hanno un luogo prediletto in cui rifugiarsi,
rispettiamolo come luogo speciale.
Ancora una volta dimostreremo che noi rispettiamo i loro sentimenti
e che possono scegliere di appartarsi finché non si saranno tranquillizzati,
certi di poter ritrovare sempre le braccia dei genitori
pronte ad accoglierli.

Seconda occasione

Quando con i bambini reagiamo d'istinto
a situazioni che ci colgono alla sprovvista, spesso veniamo oppressi da dubbi
e ci domandiamo se abbiamo fatto bene a dire o fare una certa cosa.
E, soprattutto, è automatico che subito dopo
ci venga in mente la cosa perfetta da dire o da fare.

Non possiamo tornare indietro,

ma possiamo ritornare dal nostro bambino e dirgli con onestà

"Sai, ho ripensato a quello che è successo prima

e mi piacerebbe dirti anche che..."

È una stupenda seconda occasione

per crescere con loro e con noi stessi,

perché se perdiamo un attimo,

ne possiamo creare noi un altro...

Sentirsi desiderati

Ci sono frasi importanti da dire ai bambini.
"Mi piace proprio stare con te!"
è una di quelle,
perché fa sentire ai piccoli
che i genitori stanno bene con loro
e che lo stare insieme non è solo un dovere,
ma un desiderio.
Ed è così bello sentirsi desiderati...

Separazione

Quando i genitori si separano,
sono loro gli unici a dividersi.
Ai bambini
non deve essere chiesto di sdoppiarsi
per compiacere una volta la mamma e una volta il papà.
Anzi, deve essere permesso loro
di conservare l'idea
della coppia genitoriale dentro di sé
per molto tempo,
finché saranno capaci
di pensare i genitori separati.
Perché certi di essere amati ancora come prima.

Serenità

La serenità di un bambino
non risiede nell'avere sempre qualcuno
che elimina ogni ostacolo
e rimuove tutte le difficoltà
della sua infanzia.
Risiede nello scoprire di essere
quel qualcuno
perché c'è chi ha creduto sempre in lui,
permettendogli di scontrarsi
con quegli ostacoli.

Sogni

"Da dove arrivano i sogni?"
I bambini non possono rispondere
bene a questa domanda,
perché nei primi anni di vita non sanno di sognare.
E se diciamo loro
"È soltanto un sogno..."
quando si svegliano impauriti,
sviliamo loro stessi e quello che provano.
Disegniamo piuttosto con loro uno scaccia-incubi
che li protegga dai brutti sogni...
da qualsiasi parte arrivino.

Solitudine

Un bambino che non ha regole
è più vicino alla solitudine
che alla libertà.

Strappare

Ai bambini piace strappare i fogli.

Quando sono molto piccoli perché la carta fa rumore,

poi perché i pezzi strappati possono assumere forme inaspettate.

I bambini mettono la fantasia e la curiosità in ogni cosa,

anche nei gesti che spesso noi interpretiamo come distruttivi.

Per loro, invece, sono altamente creativi,

perché

dove noi vediamo un rettangolo di carta

loro vedono nascoste infinite possibilità...

Tempo

Il tempo è un concetto troppo astratto per i bambini.
Più sono piccoli, più vivono il presente,
perciò dobbiamo dare loro
indicazioni di tempo concrete e a breve termine.
Un calendario
su cui segnare un evento pochi giorni prima
o il conto delle nanne lunghe che mancano
aiuteranno noi e loro:
noi a non spazientirci
e loro a capire il tempo un po' di più...
E a godersi l'attesa
in base alle loro capacità!

Tempo speciale

Un regalo speciale
che ogni bambino dovrebbe ricevere:
un po' di tempo.
Un po' di tempo per giocare,
un po' di tempo per stare con i genitori,
un po' di tempo senza impegni,
un po' di tempo per fare i bambini.
Non serve un tempo infinito,
basta soltanto un tempo speciale e unico,
solo per i piccoli
e a loro misura.

Tenerezza e rispetto

I bambini di pochi mesi risvegliano in noi tenerezza e dolcezza.
Spesso sono proprio irresistibili.
Così vederli e prenderli in braccio,
toccarne manine e piedini
o accarezzarne le guanciotte è una cosa sola...
e i genitori ci sono apposta per questo!
Per tutti gli altri,
ricordiamoci che, per quanto piccoli e deliziosi,
sono persone e dobbiamo sempre rispettarli.
Il fatto che non possano dirci di no,
non vuol dire che vogliano dirci di sì!

Cerchiamo di essere discreti, delicati
e sempre rispettosi.

Ti voglio bene

Le emozioni sono dentro di noi fin dalla nascita.
Ciò che dobbiamo imparare
è l'espressione di queste emozioni,
il modo per portarle fuori di noi,
comunicarle e condividerle.
E questo perché le relazioni
si fondano prima di tutto sullo scambio affettivo.
Cominciamo subito a nominarle con i nostri piccoli
e iniziamo dall'emozione alla base della sicurezza emotiva,
così i bambini impareranno
che è bello sentirsi dire da chi si ama
"Ti voglio bene"
e non avranno paura
di dirlo a loro volta.

Travestimenti

Un gioco grandioso:
libera espressione di sé, dei propri desideri, delle proprie paure.
Travestirsi consente ai bambini di essere altro da sé
in un momento in cui non sanno bene
chi sono essi stessi.
Lasciamo loro l'opportunità di esplorare tutte le possibilità dell'essere
in questo modo rassicurante e... divertente!
Una fata, un folletto, un pirata, una mamma, un papà, una maestra...
Essere queste cose permette di conoscere se stessi in profondità
e molto di più di qualsiasi nostra interpretazione o spiegazione.

Valore della rabbia

I bambini hanno il diritto di arrabbiarsi.
I genitori hanno il dovere di farlo.

Per motivi semplici quanto fondamentali.

Dimostrare ai bambini che:

1. i genitori sono interessati a loro
2. la rabbia non è un'emozione da reprimere
3. ci sono cose precise che fanno arrabbiare i genitori
4. l'amore dei genitori non svanisce mai,
nemmeno quando sono arrabbiati con il loro bambino.

Vivere le emozioni

Non urlare mai,
non mostrarci mai arrabbiati,
celare la tristezza...

Non nascondiamo la vita ai bambini,
ma mostriamo loro come viverla:
meglio sapere come attraversare un'emozione
invece di negarla e non riconoscerla affatto.

Volontà

Per i bambini ogni cosa ha una volontà propria,
dalla luna, al cagnolino, dal compagno di giochi al tavolo.
Il problema è che si tratta di una volontà attribuita in funzione di se stessi,
dei propri bisogni e dei propri desideri.
Ma è un problema
soltanto se proviamo a convincerli del contrario troppo presto.

"Che cosa fa il sole quando cammini?"
"Viene con me"
"Perché?"
"Per illuminare, perché ci si veda."
"Come fa il sole a venire con te?"
"Perché lo guardo"

Jean Piaget

Zelo

I bambini
hanno una capacità di concentrazione contenuta,
che cresce con loro.
L'impegno che mettono
in quello che fanno, però,
è immenso da sempre.